복숭아뼈는
늘 붉을 줄만 알았다

복숭아뼈는 늘 붉을 줄만 알았다

박주용

시인의 말

대접받지 못한
이름 낮은 이들과 함께 나눈
시간 몇 종지
세상에 내놓습니다.

2023년 여름
박주용

차례

시인의 말 ● 5

 제1부 박제의 시간

고해성사 ● 12
나침반 ● 14
시지푸스 ● 15
부여씨의 이력 ● 16
겨울 박쥐 ● 17
고로쇠나무 ● 18
동병상련 ● 20
엄사리, 싸이다 포차 ● 22
희한한 셀프 세차장 ● 24
탁발托鉢 ● 26
온난화 ● 27
대둔산 철쭉 ● 28
겨울, 마이산 ● 30
수의壽衣 ● 31
미혼모 ● 32

재생의 시간

뇌물 • 34
시상詩想 탐구 영역 • 35
어쨌거나 이번 生에는 • 36
멸치 국시 • 38
도긴개긴 • 39
숲에서 비를 듣다 • 40
빨랫줄·1 • 42
빨랫줄·2 • 43
죽순 • 44
청산 국숫집 • 45
찔레꽃 • 46
은수사 비구니 • 47
두계천의 사계 • 48
마곡사 가는 길 • 50
양정 고개 • 51

제3부 우화의 시간

봄을 샴푸하다 • 54

모서리 • 55

윈드서핑 • 56

제비꽃 • 58

우화등선 • 59

물의 변주 • 60

고추잠자리 • 61

간월암 • 62

겨울 무 • 63

때 • 64

바랑산 비구니 • 65

조각가, 형이 사라졌다 • 66

화암사 • 68

우화루, 목어 • 69

고양이와 칸나 • 70

상생의 시간 제4부

리필 • 72

천장호의 봄 • 73

별똥별이 성호 긋다 • 74

겨울 모기 • 76

도비산 동절 • 77

셋째 아우 • 78

새싹에게 미안해 • 80

주걱 • 81

사월, 그 가벼움에 대하여 • 82

숲속 등대 • 84

틈 • 86

나무들의 펜싱 • 88

꽃샘추위 • 90

동반자 • 91

길이 길에게 • 92

I 작품해설

경계 허물기와 시간 추이의 분별력
– 박주용 시인의 '복숭아뼈는 늘 붉을 줄만 알았다'의 합리적 해법 • 96

엄창섭(가톨릭관동대학 명예교수, 월간 모던포엠 주간)

・・・・
일러두기
페이지의 첫줄이 연과 연 사이의 띄어쓰기 줄에 해당할 경우 〉로
표시합니다.

제1부

박제의 시간

고해성사

하늘이 날개 키우듯
당신은 늘 새털구름과 함께 날고 있었으나
나는 겨운 당신의 날갯짓을 응원하지 못했습니다
땅이 나뭇가지 키우듯
당신은 늘 땅강아지와 함께 걷고 있었으나
나는 파인 당신의 발자국을 다독이지 못했습니다

구름의 감정이 눈물로 새어 나오거나
두더지의 문장이 가슴 후벼팔 때도
무릎은 언제나 그 자리에 서 있는 줄 알았고
복숭아뼈는 늘 붉을 줄만 알았습니다
벌 나비 들여 열매 키워가는 저 꽃들 보면서도
비바람 맞으며 대공 키워가는 저 풀들 보면서도
그렇게들 살아가는 줄 알았고
그렇게들 살아내는 줄 알았습니다
삼백예순날 가문비나무에 기대어
매미처럼 시한부 삶 하소연해도
내 선글라스는 언제나 모르쇠로 일관했고
내 망원경은 멀어지는 것에만 초점을 두었습니다
실하던 당신의 축대는 시나브로 무너져내렸고
서까래도 골다공증으로 허하게 주저앉아 버려
심폐소생술이 불가피하게 되었습니다

〉
바다가 지느러미 키우듯
당신은 늘 혹등고래와 함께 남북극 오갔으나
나는 가쁜 당신의 숨소리를 눈치채지 못했습니다
마음 뭉개지고 심장 멎은 후에야
당신이 나였다는 것을 겨우 알게 되었습니다.

나침반

앵커가 매일 빙산 녹이고 크릴 어선 수 늘릴 때마다
온난화는 뉴스보다 빠르게 진행되는 것이어서
북극점으로 이동하고 있는 곰은
벌써 북위 몇 도쯤의 붉은색이다
남극점으로 향하고 있는 펭귄도
금세 남위 몇 도쯤의 푸른색이다
바늘 끝이 쉴 새 없이 떨고 있는 오늘 하루도
북극여우는 눈이 녹아 크레바스에 빠졌을 테고
포경선에 상처 입은 남극 고래는
해안선으로 떠밀렸을 게다
풍문은 자전과 공전을 반복하며 도는 것이어서
자오선에 걸쳐 있는 붉고 푸른 귀는
삼백예순 날 환청에 시달리고 있다
빙산의 방어선 무너지며 점점 수세에 몰리고 있는 극점
언제까지 새들의 날갯짓이 오로라로 흐르고
고래의 웅숭깊은 숨소리가 눈발로 날릴 수 있을까
적도에서 출발한 혹등고래의 눈물겨운 이야기가
전파 타고 안방까지 전해지는 밤
북극성과 남극성 오가는 밤하늘의 새들은
얼마간이나 겨울 왕국의 설원 연주할 수 있을까
칠흑의 밤, 크릴새우 떼가 눈금 벗어나
은하수 저편으로 멀어지고 있다.

시지푸스

꽃은 피어날 때부터
난 상처가 아물지 않는다
아무는 순간 꽃이 아니므로
달맞이꽃은
폐경이 되어도 달빛 들인다

꽃 주위 맴도는 나비
촉수 자랑하며
천국의 문 열기 위해
평생 물총새 한 마리 키워보지만
매번, 나락으로 곤두박질하는 것은
바람 빠진
죽은 새의 공기주머니뿐

수컷이라는 이름은
늘, 허공만 껴안는 종신형이다.

부여씨의 이력

 황산벌에서 온 비보는 수신인을 적지 않았다 오만 대군으로 밀고 들어오는 덤프트럭에 오십cc 스쿠터는 속수무책이었다 거드는 말에 기가 산 트럭 운전수는 부여씨를 몰아세웠으나 노을 너머 별빛만 헛바퀴에 얹힐 뿐이었다 결국 경찰은 씨의 과실로 결론지었지만 누구 하나 이의를 제기해주는 사람은 없었다

 한때 씨는 수천 마리의 마력 뽐내며 세상 폼나게 누볐다 일본국 나라현과 중국 남조까지 영역 넓히기도 하였으나 세파에 휩쓸려 소읍인 사비로 되돌아와야 했다 파산한 집안에서 불알 한쪽만 남은 씨에게는 단 몇 마력의 스쿠터 한 대가 유일한 살붙이였다 그래도 그놈 데리고 산성 주위 왕왕거릴 때면 왠지 모를 힘 불끈 솟기도 하였다

 씨를 배웅하러 가는 병동의 복도는 으스스했다 염을 하는 내내 부러진 목뼈까지 은핫물이 차올라 지켜보는 속눈썹이 더욱 음습했다 별빛이 영안실 가득 채워지자 씨가 서서히 떠날 채비를 하였다 먼 친척인 낙화가 시린 발목을 주검 안쪽으로 슬며시 밀어 넣어 주었다 순간 유품이 바깥쪽으로 툭, 떨어졌다 천년 넘게 밀린 백제국의 납세 고지서였다

 씨의 흰 발목 데리고 가는 백마강도 유난히 절뚝였다.

겨울 박쥐

거꾸로 매달린 生 고드름 틀림없다
얇은 비막飛膜 접고 접어 마음을 다잡고는
등 시린
한겨울에도
눈물 뼈를 심는다

쥐도 새도 아닌 것이 쪽방에 세를 들어
시급時給에 아등바등 밥줄 물린 포유류
동안거
석삼년 동안
구직 또한 어둠이다.

고로쇠나무

겨우내 달이고 달여 고아낸 수액
단내 나는 나무일수록 봄이 팍팍한 걸까
뿌리도 생각 퍼 올리기 시작하는 우수 무렵
송곳니 뾰족한 사람들이 나무의 목덜미 물고 있다
드라큘라의 쾌감 탐닉하려는지
고무호스 들이밀며 빨대 꽂는 사람들
나는 생각한다, 고로 존재한다는
데카르트의 명제 모르쇠로 일관하며
무임승차의 주입식 교육 한창이다
노크도 없이 누군가의 살점 파고들 때
장루腸瘻처럼 감정은 표정으로 직결되는 것이어서
확인되지 않은 나무의 문양은 표피로 기어 나와
농밀한 신음 몇 방울 떨어뜨린다
이파리도 피지 않은 식전 댓바람에
구멍 숭숭 난 몸으로
마른 젖 물리고 있는 여자
고된 이름 수없이 내려놓고 싶었을 게다
중년 지나 물관도 점점 말라가지만
단풍 든 잎들 마주하여 손뼉 치며
실한 열매 바람개비로 날리고 싶었을 게다
송곳니 닳았다면 드릴 드릴게요
개구리 소리 동음이의어로
와글와글 들려오는 경칩 무렵

젖가슴 까맣게 뚫린 여자가 빈혈 앓고 있다
단내 나는 나무일수록 계절이 가파르다.

동병상련

새 한 마리 베란다 창틀에 앉아
고개 갸우뚱한다
깃털 하나 걸치지 않은 저 거대한 알몸은
뭔 청승으로 쪽방에 쑤셔박혀
자신을 쳐다보고 있느냐는 눈빛이다

혀 차며 의아한 날갯짓으로
까마득히 하늘 밀고 갈 즈음
허공에도 벽 있는지
부딪혀 금 간 자리 저릿하게 울음 모여든다
저것은 슬픔에 반응하는 구름의 표현법
한때 나도 누군가에 부딪혀 눈가 젖은 적 있다
이해한다는 것과 사랑한다는 것은 다른 것이기에

새와 나는 성격유형이 유사하여
손수건이 준비되지 않으면 울음 쏟지 않는다

그동안 얼마나 많은 눈물 받아내었기에
구름은 저토록 온몸 젖은 것일까
사납게 짖어대는 천둥과 번개 쪽으로 손 내밀며 나는
구름은 분명 새의 눈물이라고
구름 위로 피어나는 풀과 나무는
모두 새의 시간으로 자라난 거라고

〉
하늘 가까운 꼭대기 집
창가에 서서 서녘 하늘 바라본다
네가 부딪혀 내가 금 간 자리
새의 감정, 질금 새어 나오고 있다.

엄사리, 싸이다 포차

봄꽃 지천인 소도시 실내포차에는
왜 이리 멍게 꽃 활짝 피어 있는지

자정까지 소주 몇 잔 주고받아 벌겋게 달아오른
유성댁이 조개탕 한 냄비 덤으로 내놓고
손님과 한바탕 세상 후리는 것인데
이럴 때면 누가 손님이고 주인인지 분간 힘들어
수족관 광어도 덩달아 제가 도다리는 아닌지
좌우로 눈 돌려보는 것인데
때맞춰 심야 라디오에선 고삐 풀린 망아지처럼
가수 싸이가 예술이야를 떼창으로 부르는 것인데
가끔 자음에 묵음의 비트 넣어
쌓이다 포차를 싸이다 포차로
간판명 바꾸기도 하는 것인데
점점 정신 혼미해져 가는 낙지도
토막토막 끊긴 말투로
예술이야를 애-술-이-야로 되뇌는 것인데
광경 지켜보던 도다리가
오른쪽으로 눈 흘기며 꼬나보는 것인데
분위기 어정쩡해진 우럭 닮은 사내가
담배 꼬나물고 밤하늘 향해
괜히 무어라 씨부렁거리는 것인데

〉
사람 참 환장하게도 엄사리에는
별은 또 왜 저리 총총 떠 있는지.

희한한 셀프 세차장

우리 동네 더 존 셀프 세차장은 상호가 국어인지, 영어인지 분간 어려워 그냥 임의의 사전에 해석 맡기기로 했다 마당으로 들어서면 정면으로 골프용품 광고가 눈에 띄어 골프숍은 아닌지 어리둥절하지만 세속의 때 묻은 외제 차들도 칸칸이 들어앉아 은밀한 곳 닦고 있어 글로벌 세차장임을 의심하지 않기로 했다 커피 내주는 털보 주인장의 따끈한 배려에 사무실로 발 들여 보면 뜻밖에도 시집으로 벽면 도배하고 있어 이 양반이 시인인가 도배공인가 잠시 의문에 잠겨보기도 하지만 은유는 취하고 직유는 배제하기로 했다 더욱이 인구의 절반이 군인인 소도시에서 경찰관만 우대한다는 유리창의 문구가 조금은 생뚱맞긴 하지만 이 역시 탤런트 이순재 선생처럼 묻지도 따지지도 않기로 했다 희한한 것은 타이어 뱅크와 이웃 구분하고 있는 철조 담장이 직선 아닌 지그재그로 경계 이루고 있어 양쪽이 선을 범한 것은 아닌지 의심이 되어도 담장 밑에는 민들레꽃 노랗게 피어 있고 나팔꽃이 연분홍으로 시절 보내고 있어 이들의 분쟁에 관여하지 않기로 했다 하지만 화해 분위기 감도는 이 시점에 당사자도 아닌 누가 무슨 밀약했는지 인근 교차로에는 구축함이 출항 대기하고, 팬텀 전투기가 공중부양 채비하고, 현무 미사일이 왜 서쪽의 백호 향하고 있는지는 따져보리라 생각했다 아울러 수더분한 사투리로 세차장 운영하는 주인장 은진 송씨가 은진 미륵과는 평소 어떤 친분이 있는지 눈썹과 턱수염과 볼록한 뱃살로 보아 혹시 누구 닮았다면 왜 달마여야 하는지 더욱이 이곳의 단골들은 왜 세차에는 관심 없고 자정 넘게 세평世評만 하다 돌아가는지 쥔장 닮은 뒤란의 털머위꽃에게 이런저런 소소한 내용도 묻고 싶지만 나중을 기약하기로 했다 다만, 이곳에서 속눈썹 습한 하루 닦다 보면 희한하게도, 안드로메다은하의 유일한 어느 분단국가가 떠오르는 까닭이 무엇인지는 곰곰이 곱씹어보기로 했다.

탁발托鉢

젊었을 땐
동해로 가 일출 보고 싶었으나
스무 살이 먼저 도착하여
빛살 뿜어대는 흰수염고래 등에
올라타 있었다

철이 들어선
서해로 가 일몰 보고 싶었으나
쉰 살이 이미 눈치채고
꽃잎 흐르는 노을 등때기에
기대어 있었다

우둔하게도 나는 나잇값에 미치지 못하여
설렘을 품지도
그리움을 다독이지도 못했다

마지막 가시는 길 우리 아버지
일흔넷이 되어서도
저녁별 온전히 영접할 수 없었노라고
선문답만 남기셨다.

온난화

잎보다 먼저 꽃 피우는
발랑 까진
봄꽃나무들
악보 무시 채
꽃망울 터트리고 있다
쉼표,
아랑곳하지 않고
같은 음 연주하고 있다

모두 미쳤다.

대둔산 철쭉

상상력으로 휘어 놓은 안개 한복판에
살바도르 달리의 시계가 떠올랐다

실신의 계획처럼 판독할 수 없는 문자로 누워
눈짓 한 번으로도 온몸에 문신 새겨지는 안개비
바람으로 일어나고, 바람으로 무너지는
태고사의 종소리에 육체의 등고선이
시를 잊고 싶은 날의 시를 쓴다

밤이면 바람이 중풍 다스리고
낮이면 풀잎이 칼날 세우는 곳
그 시대 그 공간 여기에 잠들다 표지판 하나 없이
살바도르 달리의 시계가 안개처럼 고사목에 걸려 있다

웃음 이파리도 없이, 울음 꽃자리도 없이
케이블카보다 더 자주 오르내리는 안개비
살풀이 흔적도 없이, 살 떨림도 없이
그냥은 썩을 수 없어, 스러질 수 없어

구름사다리 오르고 오르면 바람도 잠 자는가
계곡의 가재처럼 곁눈질은 하지 않더라도
두꺼운 갑각류의 껍데기 벗고

알몸으로 세상 바라보면 잊고 싶은 것들 잊을 수 있을까

달려오는말발굽번쩍이는칼날나뒹구는오천결사대순이아버지얼룩무늬사냥개노랑머리탱크파르티잔……

아, 뿜어대는 노을
노을 등때기에 피어나는 꽃이여
눈으로 들어오면 눈물 나고, 귀로 들려오면 귓물 나는

상상력으로 휘어 놓은 살바도르 달리의 시계 한복판에
철쭉꽃 붉게 피어났다.

겨울, 마이산

 차가운 계절에도 말 부딪혀 멍든 자리마다 마른 풀이 가부좌 틀고 앉아 어혈 보듬는다 산발치에 뿌리 둔 능소화도 벽 타고 오르며 한여름 내내 조잘대던 말 감싸 안는다 세상의 말들은 귀 있는 언저리에 모여 둥지 트는 까닭에 은수사 청실배나무에는 까치집 여럿 얹혀 있다 암마이봉과 수마이봉 사이 흐르는 구름, 때아닌 말씀 몇 방울 떨어뜨리며 겨울 건넌다 동안거 든 마이산, 눈과 입 땅속에 묻은 채 귀 열어 세상의 말 받아내느라 온전한 곳이 없다 산사의 법고도 풍화혈처럼 성한 곳 없이 중이염 앓고 있다 세상의 아픈 말 다독여 돌탑 쌓아 올렸다는 어느 처사의 이야기가 풍경소리에 실려 시린 귀 키우고 있다.

수의壽衣

제비꽃 피어나던
삼월 삼짇날

떠나야 할 때 되었다며
바삐 채비하시던 당신

꽃잎 한 벌에
기어이,
나비가 되셨습니다.

미혼모

열여섯 탯줄 잘라
홀로 키운 조각달

얼음꽃도 피었겠다
연분홍 젖가슴에

야멸찬
손가락질은
견딜 만도 하건만.

제 2 부

재생의 시간

뇌물

춘삼월, 꽃 지천이니

윤사월, 준다 해도 아니 받습니다.

시상詩想 탐구 영역

직립 보행하던 시상 삐끗하더니
한순간에 허리 반으로 접히는 것인데요
물리치료, 생물치료 다 해봐도
바람 빼내지 못한 거들먹거림이 신경 짓눌러
등뼈 내려앉은 고양이처럼 뭉그러지는 것인데요
그래도 쳐다보고 있으면 안쓰러워
노트에 끼워놓고 어루만지는 것인데요
나무들은 왜 가지 넓이만큼 뿌리내리고
새들은 뼛속 비워 공중의 방정식 세우는지
달은 왜 고양이 눈깔로 조리개 여닫고
장미 넝쿨은 밤만 되면 담장 넘으려는지
자전과 공전 반죽한 골똘한 생각
야옹야옹 꽃으로 피워 보는 것인데요
척추 부실한지 허리 한 번 삐끗하더니
금세 다시 무너져 내리는 것인데요
덩달아 지구의 축도 한쪽으로 기울어지며
식은땀 나기도 하는 것인데요
세상 삐끗해서, 시상 삐끗해지는 것인데요.

어쨌거나 이번 生에는*

내가 나무라면 이제 물푸레나무로 살겠다
아픔 잊으려 한 도리 껍질 벗겨 물에 담갔더니
어느새 삐죽삐죽 푸른 멍 우러나니 어찌하겠는가
잊으려 하면 할수록 푸르름 더 짙어져
날마다 도리깨질로 마음 추슬러 보지만
그럴수록 나이테보다 더 많은 세월 흘러야 함을 어찌하랴
그냥 발목 담그며 살으라나 보다
맨땅에 뿌리내리며 살기보다는
발 시린 물푸레나무로 살으라나 보다

내가 애벌레라면 이제 명주잠자리애벌레로 살겠다
번뇌 잊으려 땅속에 숨었더니
어느새 온몸 가렵고 톱니 생겨나니 어찌하겠는가
문둥이보다 더 서러워
날마다 개미귀신 되어 체액 빨며 해탈 시도해 보지만
그럴수록 모래 웅덩이처럼 메말라 가는 몸 어찌하랴
그냥 흉측하게 생긴 알몸 그 자체로 살으라나 보다
명주잠자리로 화려하게 하늘 날며 살기보다는
맨살 닿는 애벌레로 살으라나 보다

내가 물고기라면 이제 열목어로 살겠다
불면의 밤 식히려 찬물에 들었더니
어느새 먼저 알고 자홍색 반점 돋아나니 어찌하겠는가

눈 빠지도록 밤 지새고 지새면서
날마다 시원한 소나기 꿈꾸듯 튀어 올라 보지만
그럴수록 상승하는 안압 어찌하랴
그냥 빨갛게 충혈된 눈알로 살으라나 보다
열없는 목어로 살기보다는
눈시울 뜨거운 열목어로 살으라나 보다

마침내, 내가 이제 무엇이라면
발 시리고 맨살 닿는 아픔일지라도
그냥 가슴 뜨거운 시인으로 살겠다.

*정용기 시집 제목 『어쨌거나 다음 생에는』에서 차용

멸치 국시

밥이 전부인 시절이었다
밥은 인사의 처음이자 마지막이기도 하여
사는 일은 밥 먹는 일처럼 예의 바라야 했다
찔레꽃, 치자꽃 한창인 무렵에도
목공은 톱밥으로, 선반공은 쇳밥으로, 재봉사는 실밥으로
어머니는 이팝으로 고봉밥 지어 올려야 했다
국시가 반공이었을 시절
어머니는 자식들 배불리 먹이지는 못할지라도
교련복은 다려 입히셨고
휴가 나온 아들 군복도 풀 먹여 귀대시키셨다
어머니는 없는 살림에 핑곗거리 생겼는지
혼분식 운동에도 적극이셨다
국수가 국시인지, 국시가 국수인지 따지지도 않으시고
가난 숙성시킨 반죽, 납작한 가슴으로 밀고 밀어
기죽지 말라고 **뼈대** 꼿꼿한 멸치 육수에
한소끔 끓여 솥째 내놓으셨다
우리는 서로 눈치 보며 각자의 배꼽 크기만큼 채웠고
어머니는 삼시 세 때
밥 아닌 국시라 안쓰러우셨는지
겨울보다 더 깊은 무쇠솥만 부시고 계셨다.

도긴개긴

어항에 개밥바라기별 뜨자

구피 모여든다

주둥이 뻐끔거리며 지느러미 살랑거린다

하느님 보시기에

우리도 저러할 것이다.

숲에서 비를 듣다

기상캐스터의 일기예보에 따라
실시간으로 하늘에 이어폰 꽂는 나무에게는
비는 듣는 일이어서
잎사귀에는 공중의 방정식 걸려 있다

천둥보다 번개가 먼저 습하게 다가오는 날에는
나뭇가지들은 저마다 안테나 세워
풍향 예측하고 수량 대비하느라 분주하다
뿌리의 촉수도 근의 공식 데려와
빗방울 각도에 맞춰
생각의 기울기 계산하느라 골똘하다

나무 구멍에 둥지 튼 새들은
물관 타고 반지하로 내려가
나뭇잎이 보내는 미세한 주파수에
심장 박동수 조절하며 세상 밖의 소리 엿듣는다
비를 듣는 일은 비를 긋는 일이기도 하여
비가 연주하는 마지막 트랙까지
작은 귀 얹는다

—발랄한 그대의 민소매는 언제나 저기압이네요
—끔뻑이는 당신의 눈꺼풀은 오늘도 편서풍인걸요

〉
낙숫물이 모순 형용으로 듣는 지상에서는
민달팽이와 두꺼비가
팽팽한 한랭전선으로 맞서고 있어
숲에는 종일 여우비 설왕설래한다

―오늘의 우울은 몇 밀리미터의 화려한 강우량인가요

나무는 늘 한 자리에서 비를 들어도
스스로 감당할 수 있는 근의 절댓값만 영접하는 까닭에
숲에서 비를 듣는 일은
하늘의 소리 경청하는 제천의식이다.

빨랫줄 · 1

 히말라야 빨랫줄에는 찬물받이 다랑이, 안데스 빨랫줄에는 멸종 위기 콘도르, 그리스 빨랫줄에는 허물어진 신전, 가자지구 빨랫줄에는 분쟁의 속살 널려 있다

 넉넉한지 궁핍한지, 무심한지 위기인지, 화려한지 담백한지, 안전한지 위험한지

 달동네 빨랫줄에는 달빛 몇 줌 널려 있다.

빨랫줄 · 2

작은 바람에도
집의 형편 나부낀다

가늘게 매어놓은 달동네 빨랫줄에는
하루를 책임졌던 가장의 시간에 부하 걸렸는지
양말 한쪽이 구멍 나 있다
가장의 시린 옆구리 지나면
달거리 시작한 딸아이의
분홍색 치마가 발랄하게 나부끼고
지붕에 가려 햇살 희미한 가장자리에는
노모의 등 굽은 메리야스가
쪼그라든 젖가슴 쪽으로 처져 있다
식구의 얼룩진 하루를 빨아 너느라
색바랜 아내의 꽃무늬 빤스를
담장 기웃거리던 찔레꽃 향이
간질이며 지나간다

작은 햇살에도
집의 형색 다사롭다.

죽순

사시사철 푸른 바람과 내통하여
남도 사투리 몇 마디
가슴 깊이 암팡지게 쟁여놓았다가
징한 계절이 오면
한 겹 두 겹 까대는 것인디
뭣도 모르고 초 쳐대는 대그빡들에게는
무등산 호랭이는 뭣하고 자빠졌당가
저 잡것들 안 씹으렁 가고
사운대는 댓잎에 육두문자 한데 버무려
서슬 퍼런 달빛 한 광주리 내놓다가도
까발린 껍데기 밀쳐두고
오매! 우짜쓰까
속울음 노랗게 채 썰어
초무침 한 접시 내놓는 것인디

광주댁은.

청산 국숫집

청산의 보청천엔 찰지게 비가 내려
국숫집은 국숫발이 쫀득하다

경칩 무렵이면 아직 잠 덜 깬 버들치 깨워
겨우내 추위 견뎌낸 봄동 더불어 입맛 돋우던,
자줏빛 하지 감자 씨알 점점 굵어지고
지천에 호박 별꽃 노랗게 피어날 즈음이면
웃니 빠진 갈가지들 어른처럼 담배꽃 꼬나물고
봇도랑에 놀라자빠진 피라미 달래어
이야기꽃 길게 뽑아내던,
무논에 가을걷이 끝나면
진흙 속 파고든 미꾸라지 불러내어
단풍 짙게 우려낸 육수에 산초가루 곱게 갈아
가는 햇살 다독이며 겨울 채비하던,
물레방아처럼 가난 대물림하며
배곯았던 추운 시절 둥글게 쓰다듬어 주던,

바로 그 국수가
탯줄처럼 늘어서 순번 기다리고 있는
추억에 허기진 사람들 토닥이고 있다.

찔레꽃

너의 독한 가시에 찔리던 순간에는
심장 나대어 얼굴색 감출 수 없었지만
떠날 때는 떠나더라도
찔러서 미안하고 찔려줘서 고맙다는
바탕색 애매한 식상한 얼룩말은
하이에나에게나 던져 줄 거야
남은 자의 살점꽃은 그리움으로 덧나는 법
꽃술 헤아리며 홀로 홀짝이는 게
청승맞은 일일지 모르겠지만
목젖에 멍울 찌릿하게 울컥댈 때면
동지섣달에도 붉은 꽃 피어날 거야
주술 같은 믿음으로 한두 잔 기울이다 보면
너는 더 또렷하고 사무치게
귀밝이술로 농익어가겠지만
사소한 일에도 목숨 거는 게 애틋함이라면
열매 붉지 않아도 감내할 거야
하나 되는 아득한 순간에는
희고 붉은 꽃이 연분홍으로 달아올라
종교 아니더라도 부흥회 한창일 테지만
독한 가시에 치명상 입고
사바나 헤매고 있을 너 또한
킬리만자로의 고독한 표범일 거야.

은수사 비구니

겨울, 마이산에 갔습니다

잎사귀 떨군 산사의 시린 청실배나무 꽃망울처럼 천년은 눈과 입 닫고 눌러앉았을 비구니에게 그만 하산해도 되지 않겠냐 했더니 일언반구도 없습니다 대신 풍화혈에 부딪힌 풍경소리가 나를 배웅합니다

종일, 여승의 가슴만 더듬었습니다.

두계천의 사계

계룡산이 겨우내 묶어두었던 햇살 풀어
얼레빗으로 곱게 빗어 내리면
가장자리 시린 산발치 호수에는
일주문 지나온 산사의 풍경 소리 파문으로 내려앉고
용추에서 갓 깨어난 도롱뇽이
떠내려온 산수유 꽃잎 데리고 노랗게 봄 희롱하고 있다
둘레길 대나무도 마디마다 숨겨둔 눈금 꺼내어
수변의 감정 수위 푸르게 조절하고 있다

넘치면 내려놓아야 한다며
천 년 넘게 물길 닦아온 호수가 수문 열어
피우지 못한 궁궐의 주춧돌 토닥이고 있다
제 곡조 이기지 못한 닭의장풀이
물줄기 따라 나비 몇 마리 쪽빛으로 내려놓으면
돌다리 건너온 눈치 빠른 개구리도
위장 전술 능한 야전의 병사처럼
순식간에 보호색 버들잎에 내려놓는 까닭에
천의 여름은 온통 국방색이다

붉은 고추잠자리 따라 계절의 가장자리에 서 본다
복판에서 밀려난 것들은 언제나
일상을 견뎌내기 힘든 것이어서
뿌리 드러난 갈대의 흰 발목은 백로보다 시리다

억새아재비꽃의 붓놀림 한창인 냇둑에서도
마주 걷는 그림자가 서로 간질이며 차오른다
피라미 떼도 덩달아 물 위로 활시위 당기는 것이어서
가을 천은 쏜살같이 은빛으로 빛난다
맞닥뜨린다는 것은 본래
멀어질 일만 남기도 하는 것이어서
저녁 여섯 시의 기차는 상하행선이 등지고 달린다

곡예 비행하던 초음속의 검은독수리가 계절 접는다
청둥오리 떼도 살얼음 위에 서릿발 내려놓는다
하늘에서는 그리움도 함께 내리는 것이어서
세상의 빛바랜 사진들은 모두 무채색이다
천변 지붕 낮은 굴뚝에서는 청솔가지 연기 맵게 가라앉고
팥죽 거리에는 햇살 짧아진 동지가 한해의 달력 재촉한다
겨울 저물어 천도 저문다
잘 저문 천 하나 가슴에 들여 산다는 것은
늙어갈 生, 유유히 돌아보는 일이다.

마곡사 가는 길

달무리 필사한 종소리가
버들개지 데리고 봄소식 전하는 길인데
내가 왜 요다지도 파문 일어
마음이 먼저 꽃망울 터트리는지

풍경 소리 따라 산사 가는 길
벌과 나비 도랑 건널 때마다
다람쥐도 돌다리 두드려 경전 새기는 중인데
내가 왜 요다지도 송구하여
두 손이 먼저 합장하고 허리 숙어지는지

목탁 소리에 젖어 도량 가는 길
목어 새끼들 젖살 빼느라
부처님 말씀 허공으로 뻐끔뻐끔 토해내는 때인데
내가 왜 요다지도 황홀하여
물에 비친 속눈썹이 먼저 습해지는지

연둣빛 잎사귀 수놓으며 불사 가는 길
해탈문이 아직 저만치인데
왜 마음이 먼저 꽃등으로 걸려
해찰하고 있는 나를 천년 넘게 기다리는지.

양정 고개

그대가 와도, 그대가 오지 않아도
기다리고 기다리는 고개
오동잎이 눈과 귀 열어놓지 않아도
노을 등때기에 별이 돋아나지 않아도
기약 없이 기다리고 기다려야 하는 고개
정 도령은 아직 까마득하여
금남정맥 달려온 두견화가
붉은 댕기 먼저 풀고 곡비哭婢로 넘는 고개
사무치고 사무친 사연 긷기 위해
천마산 다람쥐도 산발치 정화수 떠 놓고
호남선 따라온 노루귀 활짝 열어
삼백예순날 두 손 모아 넘는 고개
넘다 보면 하루도 가고 열흘도 가고
고갯마루 계수나무엔 둥근 달 뜨겠지
낙엽 지고 눈송이 날리고 나이테도 여물겠지
넘자 넘자 어여 넘자, 팍팍한 세상 어여 넘자
기다림에 지쳐 스러지고 또 스러질지라도
누군가 또 넘어내야 하는 고개
그대 오지 않으면 어떠리
사무친 사람 없으면 기다림도 없겠지.

붕어빵에는 붕어가 들어 있지 않다

제3부

우화의 시간

봄을 샴푸하다

땅속에서 부화하는 것들은
땅껍질 들이받으며 뚫고 나와요
봄 되면 더욱 가려운지 긁는 소리 지천이에요
새똥 싼 하늘은 어떤가요
계절답지 않게 소나기 한줄금 지나가요
번개도 눈 번쩍 뜨고는 컹컹 짖어요
냄새 가시지 않는다면 월계수 잎 추천할게요
소크라테스도 세상 구려 즐겨 씹었다잖아요
하지만 나는 나 자신을 몰라요
두피에서 어떤 잎 돋아나고, 어떤 꽃 피어날지
상상해요, 내게는 어떤 샴푸가 어울릴까요
꽃향기 뭉게뭉게 피어오르겠죠
설렘은 설렘을, 생각은 생각을 피워내요
화가의 마을에서는 그림처럼 살아갈까요
시인의 마을에서는 시로 세금 낼까요
머리 문지르며 보글보글 생각 피워 올려요
밤하늘의 별까지 닿았나 봐요
별똥별이 허공 들이받으며 쏟아져 내려요
머릿결 곱게 흩날리네요.

모서리

마주하고 있어도 언제나 낯설지

네 낯 없다면 내 낯 허물어진다는 것 알면서도
등지며 살지, 경계 만들며 살지

거울처럼 차가운 감정 맞대어 밀어 올릴 때마다
변방의 꼭짓점엔
자신을 내던지며 쑤셔박혔던 저 새들의 절망으로
푸른 멍울 자라기도 하지

외나무다리에서는 모눈종이처럼
마주 서는 시간과 떠나가는 거리 일정하지
속도 삐끗하면 서로에게 칼날 겨누지
칼끝에서는 꽃망울 맺히기도 하지

우리들의 임계점엔 모반의 꽃 피어나기도 하지
그래도, 둥근 장미 한 송이쯤은 품고 살지

너와 나는 태생부터 신이 아니지
모가 나 있으나 모가 나 있지 않지

마주하고 있어도 언제나 그립지.

윈드서핑

날치 병치 준치 쥐치
제상에도 오르지 못하는 것들과
한세상 더불어 물길 가르다 보면
산다는 것은 평생 널빤지 위에서 균형 잡는 일
등지느러미 돛 삼고 꼬리지느러미 방향키 삼아
망망대해 나서면 어디 풍랑뿐이겠는가
저 회오리치는 용오름도 거대한 쓰나미도
그리하여 맘속부터 먼저 너울대는
초조함과 두려움도 마주해야지
바다 뒤집혀 오장육부 뒤틀리는 순간에도
순환하는 바다의 순례자 되어
바람이 해산한 저 파도에 온몸 실어야지
출렁이는 칼날에 육신 베이고
서슬 퍼런 비늘에 마음 상해도
갈치 떼 춤추고 멸치 떼 응원하는 한
순교하듯 포말로 부서져야지
흰수염고래의 호흡 거칠어지고
물고기의 옆줄 굴곡지더라도
삼백예순날 낮달 태우고 물살 헤쳐야지
그리하여 바람도 쉬어 가는 곳
의자가 그리울 땐 섬으로 가야지
파도가 파도 넘고, 섬이 섬 넘어
이어도로 가는 길에는

갈매기 돌고래도 함께 나서고
물밑의 산호초도 손 흔들어 주겠지
서녘 하늘 수놓은 저 노을처럼
어느 쪽으로도 흐르지 않는 만조의 시간
꽁치 넙치 새치 참치도
무풍지대에 닿겠지.

제비꽃

요렇게 고운 얼굴 세상에 보여주려
차가운 땅껍질을 겨우내 뚫고 왔나

보랏빛
연정 품으며
삼짇날을 기다렸나.

우화등선

장삼 한 벌

나뭇가지 위에

툭,

내려놓는 잠자리

한세상 떨구고 나서야

공중 부양 시작한다.

물의 변주

처음부터 만년설은 아닌 것이다 물렁물렁한 아메바는 모래시계로 유영하는 것이다

목마른 사막여우는 도마뱀 좋아할까 흰개미 좋아할까 전갈은 오줌 지리는 것이다 낙타가시나무도 뾰족하게 촉수 내밀어 은밀하게 입술 적시는 것이다

만삭인 보름달은 달맞이꽃으로 양수 쏟아내고, 십이월의 아기 예수는 은총으로 지상에 내리는 것이다 세상에 세례 받지 않은 나무는 없는 것이다

거울아 거울아 세상에서 누가 제일 예쁘니 천사일까 악마일까 흐를 때보다 고일 때 본색 드러나는 것이다 백설공주의 눈물샘에는 물 먹는 하마는 살지 않는 것이다

크고 작은 물줄기 엮어 대하소설 완성하는 것이다 바다는 물의 책으로 채워진 도서관일까 수족관일까 파도는 수초의 머리채 흔들어 악보 그리는 것이다

도돌이표 연주하는 것이다 건반 위의 고양이도 발랄하게 튀어 올라 구름밭에 목화꽃 피워내는 것이다 나도 덩달아 무명의 만년설로 내리는 것이다.

고추잠자리

가지 끝에서
바르르 떨며 뿜어져 나오는
저 붉은 창조주들의
거룩한
들숨과 날숨

나무도 흠뻑 젖겠다.

간월암

허공에 떠 있어 바다에도 떠 있는
저 달, 달마 닮아 제 갈 길 가고 있다
연 끊어야 한다는 말도
이어야겠다는 생각도 잊은 채
당산나무로 수백 년 지탱해온 팽나무
수행 길 나선 새들에게 그늘 내어주고 있다
서로 다른 생각들 허공 지나며
몇 겁 나이테로 맴돌다 두 손 합장한 곳
관음전 앞 소나무도 아직은 둥글지 않아
잎마다 뾰족한 시간 내려놓고 있다
사시사철 물때 기다리고 있는 사람들에게
채워서 길 잃고 비워서 길 얻는 이치
목어가 몸 비워 일러주고 있는
여기는 바라밀다의 피안사彼岸寺
달이 나를 당겨, 나도 달 당겨 본다
저쪽으로 세상 기우는지
바닷길 닫히고 있다
섬 하나, 연꽃으로 환하게 피어나고 있다.

겨울 무

미각으로 기억되는 生의 한복판에 무가 있다

입동 무렵 어머니는 장독대 근처에
푸른 멍 다독여 흙무덤 쌓고
허허로운 바람 들지 않도록 짚 마개 만들어
서리 맞은 무 들여앉혔다

참새떼 날아와 간장독 물켜고
까치밥 엎어져 고추장 단지 붉어지는 날이면
가쁜 숨 더욱 몰아쉬고 있는
무 몇 놈 불러내어 말갛게 숨통 터주고
부엌칼 쥐었던 팔 길게 뻗어
시퍼렇게 눈 부릅뜬 놈들 다독이셨다
북두칠성 기울어 목마름 절정인 동지 무렵에는
부엉이 더불어 생목도 다스렸다

무김치 무장아찌 무생채 무밥
무로 살던 시절은 무덤덤하여 싱겁기도 했지만
무는 흰 도화지처럼 生의 바탕이었다
쉽게 시들지 않았고 심지 굳건하였다
언제나 조연이었지만 주연이었다

시각으로 기억되는 生의 한복판에 장다리꽃 피었다.

때

능가산 내소사 경내
산수유꽃이
아직 잔설 가시지 않은 계절에
좁쌀 같은 알몸으로 깨어나는 때 아니거든
서둘러 걸음 재촉하지 말그라

도솔산 선운사 뒤편
동백꽃이
아직 노란 달빛 품은 채
발가벗은 통꽃으로 지는 때 아니거든
서둘러 시절 재촉하지 말그라

계룡산 동학사 대웅전 앞
목련꽃이
아직 뽀얀 비구니의 속살로
숨 떨구며 소신공양하는 때 아니거든
서둘러 마음 재촉하지 말그라

아그야
니도 니를 어찌지 못하는
한창때가 아니더냐.

바랑산 비구니

그때가 아마, 열여섯 복사꽃 낯빛이었을 게요
꽃봉오리도 안으로는 파문 일었으니

바랑산 법계사, 독경 소리 단아하다
미소 고인 볼우물 깊고 깊어 적막하다

오늘은 칠월칠석, 배롱꽃 한창이다

한 평 남짓 시방세계
바랑 벗은 비구니

열반도 저 꽃잎처럼
고요하면
좋겠다.

조각가, 형이 사라졌다

이태리 까라라 이국땅에서
형은 올리브나무 위로 흐르는
낯선 노을 보며 살점 떨었을 거다
언어가 통하지 않는 대리석에 플러그 꽂으며
점점 따뜻해져 가는 돌 속으로
손도 넣어 보았을 거다
이태리 산 대리석을 컨테이너에 싣고
인도양 건너면서 형은
태아처럼 돌속에 들어가 살점 달구었을 거다
쪼면 쫄수록 깨어나는 모국의 물고기들
봉긋하게 젖 물리고 싶었을 거다
추운 장날 어머니 이고 가는
입 벌린 명태 아가리에 봄도 피워 보고
물레방아 돌아가는 연애 방천에 들풀도 심어 보며
돌 껍질 하나둘 벗기며 피어나는 들꽃
그 꽃잎 몇 개로 꽃톱 만들어
돌의 살점 잘라보고 싶었을 거다
형은 목이 나뒹굴어도
어느덧 흐드러지게 피어나는 녹두꽃으로
거시기 잘려나가도 어느덧 발기하는 황소 불알로

하역하는 부둣가에는
형은 보이지 않고 낯익은 것들만 토해져 나온다

대리석에 살점 담그며 형은 어디로 간 것일까
조각가, 형이 사라졌다
형 없는 형
형,

화암사

 얼음장 밑으로 흐르는 물소리가 누구에게는 길입니다 잘 늙은 절에 햇볕이 먼저 와 기다리고 있었다는 어느 시인의 산사 가는 길에 오늘은 함박눈이 마중 나왔습니다 길은 이어질 듯 끊어지고 끊어질 듯 이어져 새들이 혹 길 잃을까 염려되어 발자국 소리 탁탁 털어 길옆 나무에 매어놓았습니다 산사에서 들려오는 경을 외는 소리로 고드름 자라나는 폭포 지나 이끼 마른 돌계단 오르니 제 모습 모퉁이에 감추었던 절이 수묵화 한 점 슬그머니 내놓습니다 순간, 처마 끝에 매달린 풍경 훑고 지나온 바람도 우화루 앞 매화나무에 얹힌 눈덩이 툭, 내려놓고 갑니다 나도 아랫배가 묵직하여 해우소에 두 다리 걸쳐보지만 들어찬 것이 왜 그리 많은지 비우려면 일 년은 걸릴듯하여 명년 섣달그믐이 오늘이겠습니다

 산사 내려오는 길, 배 갈라 스스로 오장육부 쏟아낸 목어가 자꾸 나를 불러 세웁니다 해우소에서 한참을 낙하하던 어느 여인의 매화꽃 떨어지는 소리는 그냥 두고 가라는 겁니다.

우화루, 목어

가운데 토막이었을 것이다

틀니 빼면 천년쯤 나이 들어 보이는 늙은 스님이 우화루 들보에 매달린 나무토막의 아랫배 후벼파 허공 채운다 허공으로 또 다른 허공 밀어 올려 은빛 비늘 둥글게 돋우고, 물 따라 바람 따라 세상 탁발하라고 처마 지나는 구름 잘게 썰어 지느러미 몇 개 얹는다 극락전 뒤란 매화나무에 열린 청매실도 불러와 종일 푸르게 수행하라며 눈알로 들여 앉히고, 가끔은 묵언 수행도 해야 하지 않겠냐며 여의주 하나 입에 물린다 뱃속 가득 채웠던 허공도 내려놓아야 한다고 해우소 가리킨다

오백 년쯤 수행하다 한 生 마친 나무가 다시 물고기로 환생하여 또 다른 오백 년을 가고 있다.

고양이와 칸나

나비의
꼬리에서
꽃대가 올라와요

칸나도
초경인 듯
입술 곱게 터지고요

세상이
처음인 것들은
칼날처럼 붉어요.

제4부

상생의 시간

리필

지난 계절을 모두 마셔버린 내게
올해도 나의 하느님께서는
숨통 틔워 준 그 한 번의 값으로
나무의 움 돋게 하셨다

꽃의 산통産痛 감내하게 한 그 한 번의 값으로
벌과 나비에게 꽃길 인도해 주시고
생명 품어 주셨다

갈잎의 미덕 깨닫게 한 그 한 번의 값으로
누군가에게 자리 내어준다는 것
生의 절정에 서는 일임을
나목裸木에 까치집 올려 증명해 보이셨다

몸 바꾸는 순간까지 나의 하느님께서는
내 차가운 영혼의 물관과 체관에도
숙성된 말씀 채워 주실 것이다

훗날, 별들의 운행도 멈춘 자정의 시각
어린나무에 자리 내준 그 한 번의 값으로
내 썩은 나뭇등걸에 내려앉게 될
순백의 고요는 덤이겠다.

천장호의 봄

호수는 봄을 거꾸로 담아내는 까닭으로
지는 법 터득한 연후에야 꽃은 핀다
산발치에 뿌리 둔 나무도
머리 풀어 묶은 계절 헹구고 있어
미풍에 삭정이 떨구고, 엷은 눈짓에 잎눈 돋운다
호수 가로지르는 출렁다리
거꾸로 매달린 사람들이 봄 건너고 있다
출렁거릴 때마다 젖가슴은 더욱 봉긋하여
다리 떠받들고 걷는 나도 덩달아 달아오른다
물구나무로 봄이 와도, 꼿꼿한 자세로 봄이 가도
감정은 꽃봉오리보다 먼저 피고 지는 것이어서
새들도 호수 가운데 동그랗게 파문 일군다
발목 담근 물푸레나무
소실점 부근에서 물감 우려내는지
호수는 온통 쪽빛 캔버스다
티베트의 천장사와 독수리 없이도
호수는 빙어 떼 데려와 봄빛 쪼아대고 있다
바람 따뜻한지 칠갑산 자락 묏등 낮은 주인이
세상 밖으로 나와 또 한 生 지우며 가고 있다
꽃받침과 결별 앞둔 꽃잎들도 하롱하롱 시동 걸며
봄 하나씩 입에 물고 떠날 채비한다
물빛 촉촉한 수채화 한 폭에
내가 젖어 세상이 젖는다.

별똥별이 성호 긋다

기웃거림 없이 한눈팔지 않고
오직 당신 손금 안에서
말똥구리처럼 세상 굴리며 살았습니다
나비매듭으로 신발 끈 동여매고
서로의 어깨싸움 지그시 인정하며
운명처럼 生의 그라운드 팍팍하게 누볐습니다
때로는 환호성으로 화답하는 새들과 함께
때로는 먹구름과 천둥 더불어
네모지고 거친 세상
둥글게 껴안으며 드리블하였습니다
가끔은 태클에 넘어져 의기소침하고
성급한 성격에 넘지 말아야 할 선 넘으며
오프사이드 판정받기도 했습니다
마음먹은 것과 달리 삶의 골 빗나가기도 했지만
등 다독여주는 당신 덕분에
세상 주눅 들지 않고 당당히 견뎌냈습니다
지금은 혈기 왕성했던 무릎의 진액도 빠져나가고
풀물 든 백넘버도
후반전이 얼마 남지 않았습니다
이제는 놓아야 할 고무풍선처럼
지상의 마지막 호흡 모아
뭇별 하나 서산에 띄워내야 할 때인가 봅니다
生의 등록부에 이름 석 자 올리던 날부터

휘슬 불어 몸 바꾸는 마지막 순간까지
그윽하게 지켜보며 가슴 태우고 계실 당신에게
해드릴 수 있는 지상의 마지막 선물은
겨우, 노을빛 하나 센터링하는 일인가 봅니다
오늘따라 별똥별이 먹먹하게 성호 긋습니다.

겨울 모기

 사람 참 간간하여 제 입맛에 딱이라고, 날이면 날마다 주둥이 들이대며 달려들더니 지난 여름날에는 장미모텔에서 뜨겁게 빨아대며 정도 통한 사이라고, 동지섣달 기나긴 밤을 어이 혼자 지내겠냐며 겁도 없이 안방까지 찾아든다

 쉿,

도비산 동절

서산의 도비산 중턱 동절에는
동쪽으로 바람 부는 까닭으로
보화로 윤회한 달마 스님이 설법 한창이다
우주 둥글다면 앉은 자리는 누구에게도 중심축이라며
지구 반대편의 중생과 쌍방향 교신 중이다
해독할 수 없는 말씀 허공 날자
독수리 타법 뽐내며 통유리 너머로 눈짓 한 점 타전한다
지나던 말씀 몇 개 내려앉는지 나뭇가지 흔들린다
새들도 산발치 단청 물든 세상 낮게 날다
경전 펼쳐진 논바닥에 서릿발로 내린다
겨우내 소금기 내려앉은 키보드 콕콕 쪼아대는 철새들
봄 되면 간척지에는 푸른 말씀 돋아날 것이다
눈 밝아졌는지 안개 걷히며 수미산 하나 금세 나타난다
보이는 게 전부는 아니라서
안데스 하늘에는 새똥 냄새 와불로 누워 있을 게다
눈, 코, 입, 귀 모두 닫고서도 부처님 손바닥인 세상
달마로 환생한 보화 스님이 0과 1의 비트로 우주 날며
잉카의 마추픽추에 법문 전송하고 있다
마당의 싸리 빗자루도
닳고 닳아 목탁처럼 둥글다.

셋째 아우

섬기더니
하느님 그렇게 섬기더니
이승과 저승의 갈림길, 도로 중앙분리대 들이받고도
하느님 품 들이받은 듯
오히려 은혜받은 아우

조카들 아직 어릴 적
짝 잃고 기저귀 갈아낸 수고 가여워서인지
홀아비로 스무 해 반듯하게 키워낸 수고 기특해서인지
하느님 보시기에 참으로 짠하셨나 보다
하필이면 하느님 손길 닿은 자리 몹쓸 것 자라고
초기라서 수술하면 완치된다는 말씀
아우에겐 의사도 하느님이려니
하느님 보시기에 참으로 안쓰러웠나 보다

하느님 잠시 만나고 온 뒤
성전 세우는 일 맡기실 때
열 받는 일 있어도
지천명의 나이에 뚜껑 한 번 열었으니
하느님 인도하시는 길 따라
열 다스리며 목수 일 하는 아우

하느님 말씀

온전히 영접하기 위해
가발 쓰지 않겠다는 아우의 이마엔
지금도, 하느님 다녀가신 흔적
둥글게 남아있다.

새싹에게 미안해

설렜겠지 입맞춤!
힘찼겠지 첫 호흡!

세상 시려 감기 들겠구나
세상 탁해 숨 가쁘겠구나

얼굴 다시 들이밀고 싶겠구나.

주걱

어머니는 늘 공평하였다
밥이나 국 풀 때도
식구들의 배꼽 크기와 얼굴색 따라
고봉으로 풀 것인지, 가웃으로 풀 것인지
건더기는 누구 그릇에 더 넣어주고
고등어 가운데 토막은 어느 접시에 담을 것인지
스스로 세운 방정식 따라 잣대 들이대셨다
어머니는 기준의 제시자이자 실행자로
당신만의 공간에서 막강한 권력 휘둘렀으나
사심 없이 늘 공평하였기에
누구도 이의를 제기하지 않았다
며느리에게 주걱 내줄 때도
한 점 부끄러움 없었다

쇠, 나무, 플라스틱
각종 재질의 주걱이 난무하는 세상
하늘 잣대 무시한 채
수저의 색깔 따라 밥상 차려지고 있다

공평은 똑같이 나누는 게 아니라 배려라는
주걱은 잠시 맡겨진 것이라는
안드로메다에서 들려오는 어머니 말씀
경청하는 하루다.

사월, 그 가벼움에 대하여

꽃잎 날리는 사월은 가볍다

별빛으로 지붕 엮은 속리산 산발치
윤씨 가문의 막내딸로 태어난 사월은
교문 근처도 가보지 못하여 가방끈 가볍다
댕기 하나로도 머릿결 정갈하던 큰애기 시절은
붉은 동백꽃 속에서 노란 웃음 피어나 가볍고
가마 타고 개울 건너던 열여섯은
보름달로 달아오른 연지곤지라 가볍다
바람 잘 날 없는 시집살이에도
자그마한 체구에 아들 다섯 해산하느라 가볍고
고만고만한 시동생 시누이 건사하느라
눈물 젖을 겨를 없어 가볍다
지천명의 나이에 세례명 받아
파티마 성당의 마리아로 거듭난 사월은
주님의 은총 안에서 포용과 사랑 가꾸어
탁발 나온 스님에게 바가지 내주느라 가볍고
사립문 서성이는 남루한 팔자에게
당신 밥그릇 내주느라 가볍다
파문 일던 종소리 온몸으로 전이 되어
앙상한 뼈마디만 남은 말년에는
오히려 핏줄 다독이던 야윈 체중이라 가볍다
호스피스 병동에서 등 굽은 새우 한 마리

가는 발목으로 먼 길 떠날 때도
사과꽃 이승 떨구던 윤사월이라 가볍다

사월의 그 가벼움으로 과실은 붉게 익어갔다.

숲속 등대

나뭇잎 비리게 반짝이는 숲에는
이른 아침부터 정오 지나온 햇살이
뒤돌아보는 버릇으로 나무들의 그림자 길게 늘인다

그림자에 그림자 기대어 보면
늘 떠나가는 것들의 뒷모습만 지켜보며 살아온
황량한 추억의 시간이
다시 누군가를 위한 온기로
조금씩 커갈 수도 있으리라는 것을
그리하여 그 애틋한 시간 눈물겹게 껴안게 되는
먼 훗날, 마르고 시린 가슴도
목피木皮처럼 따뜻한 사랑 품을 수 있으리라는 것을

외로운 것이 외로운 것을 다독이는 저녁
한 뭉치의 생각이 날치처럼 날아든다
홀로 견디며 살아내기란
제 명치 끝에 그리움 나선형으로 밀어 넣고
스스로 불 밝혀 쓰다듬는 것
깊은 수심의 나이테 견뎌내는 일은
노을에 휘청이는 서툰 어깨춤 지긋이 인정하며
돋아나는 별빛 바라보는 것

누군가 다가서고 떠나더라도

붉은 웃음 푸른 울음, 들꽃으로 피어올려야지
세상 향해 고래고래 고함치던 술고래도
꽈리처럼 뼛속 비웠을 저 새들도
사부작사부작 시동 거는구나
겨울을 정박했던 내일에 닻 올리자
은빛 비늘 반짝이는 숲속에
등대 하나 푸르게 서 있으리니.

틈

아스팔트 가장자리 겨우내 틈 열어 두었는지
계절 달려온 저 여린 것들
얼굴 내밀며 노란 숨 헐떡이고 있다

세상의 숨 달린 것들은
모두 가느다란 틈에서 시작되었나니
나의 뿌리도 가느다란 물관 헤엄쳐 착상되었고
너의 이파리도 가느다란 체관 통해 얼굴 내밀었다
세상의 모든 아들과 딸들도
가느다란 틈으로 이름 얻었다

세상의 황홀하고 살맛나는 것들은
모두 좁은 틈에서 연유하였나니
꽃봉오리 좁은 틈새로 벌 한 마리 날아든 것인데
꽃나무는 저리도 아득하게 혼절하고
빙하의 좁은 틈새로 숨구멍 하나 뚫린 것인데
북극고래는 저리도 신명나는 것이다

겨를 있을 때마다
틈, 틈, 틈틈이 틈을 열어 보면
세상 어디에도 혼자의 틈은 아니라서
슬픔의 틈, 기쁨의 틈, 오해의 틈, 화해의 틈도
모두 등 맞대고 있다

〉
마음 언저리 계절 내내 틈 열어 두었더니
평생 달려온 저 여린 것들
얼굴 내밀며 노란 꽃 피워내고 있다.

나무들의 펜싱

알레!*
혹독하게 동계 훈련 마친 나무들이
바람의 신호에 따라
잎눈 겨누며 펜싱을 한다
물오르는 가지 뻗어
서로의 거리 확인하며 눈웃음 짓고
물관과 체관의 긴 줄 매달고
간 보듯 상대의 옆구리 톡톡 친다
땅속의 뿌리들도 촉수 내밀어
은밀하게 서로를 보듬는다
잎 돋고 꽃 피는 계절,
서로를 겨누는 나무들의 펜싱은
반목이 아니라 사랑이다
칼끝 닿을 때마다
가지에서는 움 돋고 꽃이 핀다
벌과 나비도 응원하며
꿀과 열매 위해 두 손 모은다
밤 되면 나무들의 펜싱은
더욱 절정으로 치달아
수천수만의 꽃을 허공으로 피어올린다
호구護具 속 눈동자처럼
별빛 하나둘 돋아나기 시작하면
잦아드는 바람의 신호에 따라

정중히 칼을 거둔다
살룻!*

*알레(Allez): 펜싱에서 심판이 선수에게 경기 시작을 명하는 용어
*살룻(Salute): 펜싱 경기의 인사 용어

꽃샘추위

추위가 대수랴

등굣길 아이들 웃음소리 발랄하다

발목 시린 장다리꽃
불끈,
힘 솟겠다.

동반자

성에꽃 피는 세상에서, 발목 시린 세상에서

식탁에 마주 앉아 봄동 하나로도 이야기꽃 노랗게 피워낼 수 있다면, 들길에 피어 있는 제비꽃 하나로도 세상 환하게 그려낼 수 있다면, 노을 바라보는 젖은 눈썹 하나로도 뭇별 푸르게 띄워낼 수 있다면, 한 이불 덮으며 달궈진 체온 하나로도 고단한 하루 따뜻이 다독일 수 있다면

그대와 나,
몸과 맘의 비밀번호 공유하는 사이입니다.

길이 길에게

앞이 캄캄할 때는 뒤를 돌아보자
걸어온 발자국 있으리니
늦저녁 시베리아로 떠나는 기러기도
어둠 뚫고 가는 저 두더지도
가끔은 뒤를 돌아보리니
물살 거슬러 오르는 연어도
둑이 가로막을 때면 뒤를 돌아보고
평생 바람 더불어 살아온 저 갈대도
태풍과 맞설 때면 고개 숙여 뒤를 돌아보리니
고달픔이 심장 옥죌 때는 뒤를 돌아보자
별도 뜨지 않는 칠흑의 밤길 지속되더라도
온 것만큼 걸어갈 수 있다는 것을 알자
가시밭도 꽃밭도 함께 있고
고조선도 뿌리 깊게 서 있으리니
막막함이 다리 걸 때는 뒤를 돌아보자
나뭇가지 스치지 않는 바람 어디 있고
산등성이 넘지 않는 구름 어디 있으리
사람이 사람 막아서고, 언덕이 언덕 넘어서는
지구 살이 야속하고 힘겹더라도
땅끝에 닿는 순간 바다가 열린다는 것 알리니
어둠이 내리는 순간 별이 가깝다는 것 알리니
절망이 목덜미 물 때는 뒤를 돌아보자
물줄기도 웅덩이에 고이는 순간 넘쳐흐르고

강물도 절벽에 이르는 순간 폭포 되리니
앞이 깜깜할 때는 뒤를 돌아보자
밤 지나온 어머니 아버지가
새벽빛으로 거기에 서 있으리니.

복숭아뼈는 늘 붉을 줄만 알았다

작품
해설

경계 허물기와 시간 추이의 분별력
- 박주용 시인의
'복숭아뼈는 늘 붉을 줄만 알았다'의 합리적 해법

엄창섭(가톨릭관동대학 명예교수, 월간 모던포엠 주간)

| 작품해설

경계 허물기와 시간 추이의 분별력
– 박주용 시인의
 '복숭아뼈는 늘 붉을 줄만 알았다'의 합리적 해법

엄창섭(가톨릭관동대학 명예교수, 월간 모던포엠 주간)

1. 삶의 구조와 엄숙한 생명감

각론하고 『예언자』의 저자 칼릴 지브란(Kahlil Gibran)이 "시는 마음속의 불꽃이고 수사학은 눈송이다. 불길과 눈이 어떻게 하나가 될 수 있겠는가?"라고 반문하였듯, 미래의 향방이 불투명한 시간대에서, 세월의 격랑에 온몸을 던지며 주어진 삶을 뼈저리게 절감하는 일상의 감성은 아득한 정신풍경의 확장에 잇닿는다. 까닭에 '푸른 시와 시인'의 동공은 생명의 본체인 우주를 향해 항시 열려 있다. 일단 충북 옥천 출생인 박주용 시인은 2014년 『매일신문』 신춘문예 시 당선 이후, 현재 계룡도서관 상주 작가로 활동하고 있다. 근간에 그 자신의 시집 『지는 것들의 이름 불러보면』(지혜, 2020)을 출간하고 그 나름의 고심 끝에 「모던포엠 작가선」 0189의 『복숭아뼈는 늘 붉을 줄만 알았다』의 간행은 우리 평단의 지대한 관심사에 맞물린다.

차제에 그 자신이 추구한 시적 내용물과 기본 골격을 '삶의 구조와 생명 외경'과의 합일을 합목적으로 간행한 시집의 평설 「경계 허물기와 시간 추이(推移)의 분별력」 - 박주용 시인의 '복숭아뼈는 늘 붉을 줄만 알았다'의 합리적 해법에서 '복숭아 + 뼈'라는 식물성과 동물성을 이해의 충돌 없는 도식에 의한 '따뜻한 감성과 자기 특유의 음성, 색깔, 느낌으로 조응하여 격정을 평정시켜 주기'에 한층 더 매혹적이다. 그렇다. 격랑의 시간대를 여유롭게 만보(漫步)하며 생명의 존엄성을 신앙처럼 떠받들고 세세한 바람의 선율(旋律)로 겸허한 수행자의 마음가짐을 시집의 자서격(自序格)인 「시인의 말」에서 "대접받지 못한 이름 낮은 이들과 함께 나눈 시간 몇 종지 세상에 내놓습니다."라는 자술로 빚어낸 이미지의 형상화야말로 불안과 초조, 긴장감의 칙칙함의 씻겨냄이다.

특히 자기성찰을 통한 겸허함은 1차 세계대전 영국의 젊은 시인 윌프레드 오웬(Wilfred Owen)의 "시인의 소임은 시대적 상황에 경고하는 것이다."라는 역사 인식의 깨어있음과 마침표 하나라도 놓치지 않으려는 정직함은 삶의 의미를 일깨워 주기에 그 자신의 심성은 지극히 모남이 없다. 또 한편 언어의 집으로 응축되는 이 시집은 「제1부 박제의 시간(15편), 제

2부 재생의 시간(15편), 제3부 우화의 시간(15편), 제4부 상생의 시간(15편)」으로 편집 구성되었다. 더욱이 기승전결에 의한 구도로 60편의 시편이 다양한 체제로 균형 있게 직조되어 있다. 놀랍게도 시간의 추이(推移)랄까? '박제→재생→우화→상생'의 경계 허물기는 그 나름의 깊은 「고해성사」 뒤에도 「별똥별이 성호 긋다」의 일관성과 맞물려 신선한 감동을 안겨줄 따름이다.

이 같은 다양성을 참작할 때 애써 그의 시편을 생태 시학으로 한정을 지어 분할·통합하는 것은 현명한 처사로 단정할 수 없을 것이나, 시간 개념의 이해 차원에서 헬라어의 '크로노스(chronos)'는 단순히 흘러가는 시간이요 일련의 역사적 사건을 뜻하는 일면에 비춰 '카이로스(kairos)'는 꽉 찬 시간으로 구체적인 사건의 순간, 감정을 느끼고 구원의 기쁨을 공감하는 역사적 교훈과 의미를 부여하는 '살아있는 정신'과의 결속이다. 한편 신학적인 면에서 ①직선(直線)으로서의 시간(chronos)은 과거, 현재, 미래로 구성된 측정 가능한 시간으로서 한정된 시간을 뜻하고 이 시간 안에서 모든 것은 '생성, 소멸'을 거듭하고 끝내 무상하다. ②원(圓)으로서 시간(ion)은 종교적으로 한정이 없는 만물이 영원하고 불변한 원으로의 압축되고 초월된 의미다. ③점(點)으로서 시간(kairos)은 창조주가 역사 속에 관계하는 가장 본질적인 시간이다.

모름지기 비정한 경제 논리의 지배를 받는 대다수 기성세대는 다음의 세대를 위하여 최소한 언어에 대한 분별력으로 아름다운 정신유산을 남겨줄 바다. 까닭에 "땅이 나뭇가지 키우듯/당신은 늘 땅강아지와 함께 걷고 있었으나/나는 파인 당신의 발자국을 다독이지 못했습니다. (고해성사)"의 보기나 또는 "꽃은 피어날 때부터/난 상처가 아물지 않는다/아무는 순간 꽃이 아니므로/달맞이꽃은/폐경이 되어도 달빛 들인다 (시지푸스)"에서 차별성이 주어지는 시적 상상력은 자연의 순차에 거슬림 없다.

또 한편 다소 호흡이 긴 산문시 편인 "마당으로 들어서면 정면으로 골프용품 광고가 눈에 띄어 골프숍은 아닌지 어리둥절하지만, 세속의 때 묻은 외제 차들도 칸칸이 들어앉아 은밀한 곳 닦고 있어 글로벌 세차장임을 의심하지 않기로 했다 (희한한 셀프 세차장)"에서 시사적(時事的) 의미의 역설도 그럴 것이나 "눈짓 한 번으로도 온몸에 문신 새겨지는 안개비/바람으로 일어나고, 바람으로 무너지는/태고사의 종소리에 육체의 등고선이/시를 잊고 싶은 날의 시를 쓴다 (대둔산 철쭉)"에서 최소한 정신작업의 종사자로서 주어진 그 시대적 소임은 엄숙히 수행하지 않을 수 없다.

2. 우화의 시간대와 의식의 시적 형상화

어디까지나 엄숙한 창조적 활동을 다양하게 펼쳐나가야 할 정신작업의 종사자라면 '영감의 비의를 해명하는 사제(司祭)로서 비공인의 입법자 역할'을 충실하게 수행하여야 한다. 모처럼 시적 능력의 무한 가능성을 지닌 박주용 시인의 경우, 제8회 시산맥사 기획시선 공모 당선시집이며 그의 첫 시집인 『점

자, 그녀가 환하다』(시산맥사, 2016)에서 문정영 발행인은 "이번 박주용의 첫 시집은 그의 삶의 내력으로 읽어야 한다. 그 내력을 다 읽고 나면 박주용 시인의 새로운 시편들을 잘 익은 '알곡'처럼 기다리게 될 것임"을 예감하며 첫 시집 발간을 축하했다. 또 한편 놀랍게도 호흡이 지극히 짧은 2행 처리의 단시에 해당하는 "춘삼월, 꽃 지천이니/윤사월, 준다 해도 아니 받습니다 (뇌물)"이나 또는 "어항에 개밥바라기별 뜨자/구피 모여든다/주둥이 뻐끔거리며 지느러미 살랑거린다/하느님 보시기에/우리도 저러할 것이다 (도긴개긴)"에서 응축된 시 형식의 기법처리는 이처럼 지극히 자유로워 구속됨이 없다.

어디까지나 그의 시편에서 논의의 초점은 경건한 생명 외경심을 충직하게 지켜내면서도 전율 같은 가슴 떨림에 의한 시적 작위(作爲) 뒤에 '작은 도움에도 천진한 미소로 답하던 세 모녀'를 전제하고 "뉴스에 잠깐 떠들었다 그리고 금방 고요해졌다/아무도 그들을 얘기하지 않는다. (기억하라)"의 보기처럼 비교적 차별성이 돋보이는 이 같은 시편은 그 자신이 깊은 밤에도 견고한 고뇌 끝에 깊은 사유를 거친 여백의 틈새 좁히기 또한 시적 작업의 온전한 수행에 견주어지기에 비장감마저 묻어날 따름이다.

차제에 중세의 영성문학(靈聖文學)이 아우구스티누스(Augustinus Hipponensis)의 작품에서 거울에 비친 상에 의한 이미지의 상징성을 논의한 점에 견주어 인간의 정신은 거울에 비친 물질세계의 허상을 수락하지 않을 때야 비로소 신의 경건하고 성스러운 빛의 속성인 은총을 허락받는다. 따라서 "잎사귀 떨군 산사의 시린 청실배나무 꽃망울처럼 천년은 눈과 입 닫고 눌러앉았을 비구니에게 그만 하산해도 되지 않겠냐 했더니 일언반구도 없습니다 대신 풍화혈에 부딪힌 풍경소리가 나를 배웅합니다 (은수사 비구니)"의 보기나 시적 정조가 동일성을 지닌 "버들개지 데리고 봄소식 전하는 길인데/내가 왜 요다지도 파문 일어/마음이 먼저 꽃망울 터트리는지 (마곡사 가는 길)"를 통해 확증되듯 따뜻한 감성에서 배어나온 동화(童話)와 투사(透寫)의 혼합양상에서 수동적인 사물과 능동적인 사물을 결합하는 매개적 정신 능력의 범주로 시적 상상력이 창조적 영혼의 교감에 견주어짐은 호흡 가다듬고 묵언으로 관망할 바다.

까닭에 심상의 투사와 무채색 언어의 동질성에 관한 구도적 해법은 생명의 본체인 우주를 향한 감동의 회복이며 눈부신 정신적 산물의 축적일 것이나 그 생생한 일탈의 정신을 그만의 예술적인 질감과 터치로 시적 형상화에 의한 생명적인 시작(詩作)의 행위이다. 또 한편 그 자신의 시편이 안겨주는 역동적인 파동의 적절성은 '비공인된 입법자'로서 견고한 고독 앞에서도 깨어난 시 의식의 정체성을 자리매김하되 알맞은 정신기후의 조성에 애씀의 땀 흘림을 경건한 믿음으로 확신하는 일관성이다.

각론하고 "서녘 하늘 수놓은 저 노을처럼/어느 쪽으로도 흐르지 않는 만조의 시간/꽁치 넙치 새치 참치도/무풍지대에 닿겠지. (윈드서핑)"의 어설픈 체념도 그럴 것이나 '참새떼 날아와 간장독 물켜는' 정황에서 "입동 무렵 어머니는 장독대 근처에/푸른 멍 다독여 흙무덤 쌓고/허허로운 바람 들지 않도록 짚 마개 만들어/서리 맞은 무 들여앉혔다 (겨울 무)"와 같은 정황상의 이행에서처럼 시간은 언제나 '미각으로 기억되는 生의 한복판에서' 이채롭게도 이 지상의 위대한 모성(母性)인 어머니와 또 그렇게 맞물려 단절의 슬픔을 간직한 「겨울 무」의 이미지를 선명하게 시각적 효과로 살려낸 위의 시편은 그 구도처리가 깔끔하게 정제되어 자못 신선한 분위기(情調)다.

그렇다. 소소한 삶의 일상에서 박주용 시인이 비교적 따뜻한 감성의 소유자임은 예시의 양상에서 때로는 '처마 지나는 구름 잘게 썰어 지느러미 몇 개 얹는' 전북 완주군 경천면 가천리에 소재한 조선 시대의 건축물인 화암사 우화루(花巖寺雨花樓)의 시적 형상화인「우화루, 목어」야 말로 "틀니 빼면 천 년쯤 나이 들어 보이는 늙은 스님이 우화루 들보에 매달린 나무토막의 아랫배 후벼 파 허공 채운다 허공으로 또 다른 허공 밀어 올려 은빛 비늘 둥글게 돋우고, 물 따라 바람 따라 세상 탁발하라고"에서 그 아쉬움이 이같이 주어질 따름이다.

특히 동일화의 관점에서 목숨의 바다 위에서도 무한의 자유공간을 지향해 비상하는 갈매기처럼 지조 높은 그 자신의 시적 생명력은 역풍 앞에서도 온몸으로 이겨내며 건강한 시인 정신을 올곧게 지켜내는 역동성이다. 그간에 오랜 날 평자는 최소한 정신작업의 종사자라면 지성인임을 자처하지 않더라도 그 자신이 처한 공간과 시간대에 애정과 관심을 지닐 것을 줄곧 요청해 왔듯이, 다행스럽게도 박주용 시인은 현재 시 짓기에도 열중하지만, 한층 더 지역주민의 문화적 감성을 일깨우는 예술의 저변 확장을 위해 누구보다 열정을 쏟아내는 존재감의 실체라는 사실이다.

모처럼 제3 시집의 간행에 앞서 이미 평자로부터 "자연과 마주하며 밝은 육감으로 다양한 자연의 표현을 채집해 시로 표현한다."라는 확증을 거쳤듯이, 그 자신이 자연의 대상을 응시하는 시각은 냉정하게 객관적으로 사물을 응시하는 연유로 타자 간의 차별화된 시선을 다른 각도에서 접근하였기에 비교적 단조로움에 짐짓 머물지 아니한다. 까닭에 지극히 단조로운 호흡의 시형으로 압축하여 형상화한 "나비의/꼬리에서/꽃대가 올라와요//칸나도/초경인 듯/입술 곱게 터지고요//세상이/처음인 것들은/칼날처럼 붉어요. (고양이와 칸나)"의 일면처럼 들숨과 날숨의 양상을 대조적으로 적절하게 구도 처리한 효용성에 자존감은 빛난다.

이 같은 맥락에서 '고양이, 칸나, 또는 모기'의 직물 대상을 일체의 거부감이나 모호성 없이 동일화 양상에서 이처럼 형사(形似)하고 있는 "사람 참 간간하여 제 입맛에 딱이라고, 날이면 날마다 주둥이 들이대며 달려들더니 지난 여름날에는 장미 모텔에서 뜨겁게 빨아대며 정도 통한 사이라고, 동지섣달 긴 나긴 밤을 어이 혼자 지내겠냐며 겁도 없이 안방까지 찾아든다//쉿, (겨울 모기)"에서 쉽사리 유추(類推)되듯 시적 심리를 담백한 시격(詩格)으로 담아내고 잠재된 시 의식을 '오르락내리락'으로 대비시켜 주는 이미지의 형상화를 신선한 충격 뒤 짐짓 지켜볼 바다.

3. 지혜로운 삶의 잠언과 상생의 시학

 모름지기 '날아가는 새도 지나치게 생각하는 일에만 열중하면 추락하는 것'처럼 지금은 정신작업의 종사자에게도 망설임 없이 각성과 결집력을 다잡아야 할 때다. 따라서 그 자신의 아집만을 고집하여 분별력 없는 무모한 행동은 작심하고 끝낼 일이다. 새삼 목적전도현상을 새삼 지적하지 않더라도 일관된 삶의 목적 아래서 자신의 의지를 표출하되 타당성을 지니고 시적 절제미와 균형성을 짜 맞춰야 한다.
 까닭에 그 자신이 일상의 삶에서도 "설렜겠지 입맞춤!/힘찼겠지 첫 호흡!//세상 시려 감기 들겠구나/세상 탁해 숨 가쁘겠구나//얼굴 다시 들이밀고 싶겠구나 (새싹에게 미안해)"를 통해 다시금 입증되듯 그 자신이 스스럼없이 '극소수의 창조자임'을 자처하지 않더라도 '생선 싼 종이에서는 비린내가 나고 향을 싼 종이에서 향 묻은 냄새가 나듯', 세계고(世界苦)를 자신의 아픔으로 수락하고 타인에 대한 배려는 물론 비열한 이기주의에 처한 삶의 매 순간에서 '미끄러짐의 시학'을 가늠하며 동물적이고 파괴적인 금속성 언어가 아니라, 푸른 식물성 언어를 사용하고 지극선(至極善)을 다잡는데 또 이렇게나마 자조적인 작위(作爲)도 종종 취해볼 따름이다.
 어디까지나 즉물적 현상을 탐색하는 예리한 눈과 사고력을 지니고 생명의 존엄성이 응축된 화자의 시편에서 삶의 교시에 관한 일관성이 수용성을 팽팽한 긴장감으로 지탱하고 있다.

이 같은 점에서 그나마 다행스러운 것은 그 자신의 절대 의지는 충만한 생명감이다. 까닭에 삶의 처소에서 생명의 촛불이 연소되기 전에 '인간과 진리, 그리고 자신에 관한 성찰 뒤 순수한 감동'을 회복시키는 최소한 정신작업의 종사자라면 '불멸의 시혼'을 위해 진정성을 지녀야 한다.

차제에 새로운 시의 골격을 위해 쌓기와 허물기를 반복하는 그 자신에게 있어 낮은 산자락이 푸르름에 짙어가는 시간대이기에, 비록 계절적인 감각은 차별될 것이나 "추위가 대수랴/등굣길 아이들 웃음소리 발랄하다//발목 시린 장다리꽃/불끈,/힘 솟겠다 (꽃샘추위)"의 일면에서 시적 접근과 소재의 선택은 영국의 신비와 공상의 화가인 윌리엄 블레이크(William Blake)식 발상으로 신비성이 적절하게 배치되어 있다. 또 한편 영혼의 잔이 비어있음으로 하여 충만으로 그 초대의 가능성을 열어 보이며, 시간과 공간의 개념을 상호대비 시키는 시적 발상은 순백의 언어를 빚어내는 연금술사의 경이로움에 견주어진다. 이처럼 그의 시적 음계는 지상에 나직이 갈앉은 연계음이 자리매김하기에 '존재의 사라짐'을 서정적 미감으로 수용한 이상성(Ideality)과 시 의미의 추구는 매우 이채로워 독자의 시선을 끌기에 결코 거부감이 없다.

또 한편 광야의 공허하고 무의미한 외침이나 지극히 현학적이고 영적 구원과 무관치 않기에, 그 자신의 투명한 영혼과 진정한 삶의 일체감이 그대로 투사된 "강물도 절벽에 이르는 순간 폭포 되리니/앞이 깜깜할 때는 뒤를 돌아보자/밤 지나온 어머니 아버지가/새벽빛으로 거기에 서 있으리니. (길이 길에게)"의 보기와 같이 공감대를 형성함은 놀라울 따름이다. 모처럼 그 자신이 추구하는 시 의식의 하이라이트는 '절망과 화해, 그리고 그로테스크한 상상력의 확장'이다. 그렇다. 불확실한 시간대를 뛰어넘어 미국문화의 정신적 골격을 확정한 랄프 왈도 에머슨(Ralph Waldo Emerson)이 '자기 신뢰'에 관한 삶의 가르침을 일깨워주었 듯 "길이 이끄는 곳을 가지 말라. 대신 길이 없는 곳을 가서 자취를 남겨라."라는 보들레르(Charles Pierre Baudelaire)의 지적처럼 '새벽빛으로 거기에 서 있으리니' 훈훈한 인간 관계성의 이미지를 형상화한 서정성의 일상화는 신선한 충동감이다.

모름지기 「지혜로운 삶의 교시와 상생(相生)의 시학」으로 잇닿는 '공동체 인식'의 시학은 그 나름의 가치와 의미를 지니기에 당당한 시적 존재감 또한 차별성을 지닌다. 까닭에 따뜻한 눈물마저 선명한 이미지로 처리하여 비교적 궁핍한 독자의 영혼에 삶의 일상에서 발아되는 식물성인 푸른 언어를 자유롭게 통신하는 친근한 동행자로서 그 소임을 엄숙하게 수행할 박주용 시인의 정신작업은 일상의 감동을 회복시켜 주기에 지극히 합목적이다. 이처럼 그 자신이 현실의 안주를 거부하고 직면하는 갈등의 현상에 온몸으로 부딪치며, 소중한 목숨의 한순간을 절박한 심정으로 인식한 행위의 결과물은 한순간 격정을 안정시키는 역동성을 지니기에 감사할 일이다.

결론적으로 「물의 변주」를 포함한 「윈드서핑」, 「고양이와 칸나」, 「겨울 박쥐」, 「은수사 비구니」, 「두계천의 사계」 등의 시편에서 이 같은 이중구조의 합성어의 묘미(妙味)는 이채롭다.

모처럼 「고해성사」로 시의 틈새를 열어놓은 시집은 「길이 길에게」로 그렇게 수행자의 선문답을 마무리하고 있다. 모쪼록 깨어있는 시 의식으로 겨냥한 발상과 이채로운 시감(詩感)을 재생시켜 '생명의 기표와 시적 형상화'로 「별똥별이 성호 긋다」의 예시처럼 끊임없이 모색하되 심층의식의 표리(表裏)를 적확하게 풀어낼 시적 응축에 일관성을 지탱하되 관념상 '복숭아뼈는 늘 붉을 줄만 알았다'의 합리적 해법은 끝내 망각하지 말아야 한다.

* 본 도서는 충청남도, 충남문화관광재단의
  후원으로 발간되었습니다.

박주용 시집

복숭아뼈는 늘 붉을 줄만 알았다

인쇄	2023년 6월 30일
초판1쇄발행	2023년 7월 3일
지은이	박주용
펴낸이	전형철
편집	모던포엠
웹디자인	김태완
펴낸곳	모던포엠출판부 - 갭
후원	월간모던포엠
주소	서울시 중구 충무로49-2 동주빌딩 1층
전화	02-2265-8536
팩스	02-2265-0136
ISBN	979-11-975384-8-3(03800)
손전화	010-9184-5223
이메일	mopo64@hanmail.net
정가	10,000원

※ 작가와의 협의하에 인지는 생략합니다.
※ 파손 및 잘못된 책은 교환해 드립니다.
※ 이 책의 저작권은 저자와 모던포엠사에 있습니다.